Mimi ist sehr erschrocken. In der Kindergartenstraße haben Männer viele Äste von den Bäumen abgesägt. Auch Mimis Freund Borke, die große Eiche vor ihrem Haus, ist in Gefahr. Sie muss verhindern, dass die Männer mit den Sägen zu ihrem Freund kommen. Können Mimi und ihre Freunde Daniela und Sören Borke retten? Und wie kommt Mimi plötzlich in die Zeitung?

Anita Behrens-Liesen lebt und arbeitet als freie Autorin im Emsland. Mimi rettet Borke ist ihr erstes Kinderbuch aus der Reihe Mimis Abenteuer. Darüber hinaus hat sie einige Wander- und Reiseberichte veröffentlicht.

Anita Behrens-Liesen

Mimi rettet Borke

Mimis erste Abenteuer

Books on Demand

Bibliografische Information der Deutschen
Nationalbibliothek:
Die Deutsche Nationalbibliothek verzeichnet
diese Publikation in der Deutschen
Nationalbibliografie; detaillierte bibliografische
Daten sind im Internet über dnb.dnb.de abrufbar.

© 2018 Anita Behrens-Liesen
Illustrationen: Hans-Hermann Wocken
Herstellung und Verlag:
BoD – Books on Demand, Norderstedt
ISBN: 978-3-752-85819-8

„Das Wichtigste ist, dass Kinder Bücher lesen, dass ein Kind mit seinem Buch allein sein kann."

Astrid Lindgren

Kapitel 1

Mimi und ihr Baumfreund Borke

Sie hatte die Augen fest geschlossen und sich ihre Bettdecke bis zur Nasenspitze hochgezogen. So lag Mimi bereits einige

Minuten in ihrem Bett und lauschte auf die Geräusche aus den anderen Zimmern.

Jemand lief über den Flur und sagte leise: „ Mika, beeil dich. Du musst los. Papa wartet schon im Auto auf dich." Das war Mama.

„Ich bin ja schon fertig. Tschüss Mama."

„Tschüss, mein Schatz. Bis heute Nachmittag."

Dann rannte jemand schnell über den Flur, die Haustür wurde aufgerissen und schlug gleich wieder zu. Jetzt war es ganz leise im Haus. Mimi hörte sich selbst atmen. Plötzlich waren ganz leise Schritte zu hören und ihre Zimmertür wurde vorsichtig geöffnet. Mimi lachte ganz leise in die Bettdecke hinein und wartete auf Mama.

„Mimi, kleine Schlafmütze, aufstehen!" Schon war Mama bei ihr und wollte die Bettdecke wegziehen. Mimi schlug die Decke zurück. „Reingelegt", rief sie, sprang aus dem Bett und rannte an Mama vorbei in die Küche. Mimi lachte laut. Mama kam schnell hinter Mimi hergelaufen und wollte sie fangen.

Mimi saß auf der Küchenbank und rief: „Ich bin schon da!" „Du hast die Geschichte von dem Hasen und dem Igel, die Papa dir gestern Abend vorgelesen hat, aber gut behalten", lachte Mama. „Ich habe dir einen warmen Kakao hingestellt. Trinke ihn schön langsam und dann ab ins Badezimmer, waschen und Zähne putzen."

Mimi trank gemütlich ihren Kakao und schaute zu, wie Mama ihre beiden Brote für den Kindergarten fertig machte.

„Was möchtest du denn heute auf die Brote haben?" fragte Mama und hielt ihr die Dosen mit Käse, Salami und Kinderwurst hin. Mimi zeigte mit ihrem Finger einmal auf Salami und einmal auf den Käse und trank dabei weiter. Einen Apfel legte Mama auch noch in ihre Brotdose. Mimi hatte beim Frühstück im Kindergarten immer großen Hunger, weil sie zu Hause nur einen Kakao mochte.

Nachdem Mimi im Badezimmer mit Waschen und Zähneputzen fertig war, ging sie zurück in ihr Zimmer. Zusammen mit Papa hatte sie am Abend vorher eine Jeans und einen roten Kuschelpullover herausgelegt. Diese Sachen, eine neue blaue Strumpfhose und ihre Winterstiefel zog sie jetzt schnell an. Dann nahm sie ihren Rucksack, auf dem viele bunte Blumen aufgedruckt waren und rannte zur Haustür.

Mimi lief immer schnell, außer sie musste nachdenken oder etwas Interessantes beobachten. Dann blieb Mimi stehen und alle anderen mussten auf sie warten.

Jeden Morgen nahm Papa ihre ältere Schwester Mika mit zur Schule und Mama brachte Mimi in den Kindergarten. Mama war nämlich Lehrerin und arbeitete in der Schule neben dem Kindergarten. Mika wollte vor der Schule nicht mit zum Kindergarten und fuhr deshalb immer mit Papa.

Jetzt rief Mama wie jeden Morgen:"Mimi, lauf nicht so schnell über die Straße. Erst schauen, ob Autos oder Fahrräder kommen..."

Mimi dachte, das weiß ich doch. Das hat Mama mir schon oft erklärt. Ich bin doch kein Baby mehr.

Mimi hatte letzten Monat, im Februar, Geburtstag gehabt und war nun schon fünf Jahre alt. An der Straße blieb Mimi stehen und schaute, ob Autos kamen. Es war alles frei und sie rannte über die Straße. Stürmisch umarmte Mimi den riesigen Baum auf der anderen Straßenseite.

„Guten Morgen Borke! Hast du gut geschlafen. Ich gehe in den Kindergarten.

Pass gut auf unser Haus auf." Zärtlich streichelte Mimi über Borke`s Rinde und wartete auf Mama.

Mama musste jedes Mal lächeln, wenn Mimi ihren Baumfreund Borke umarmte und mit ihm sprach. Vor einem Jahr hatte Mimi zusammen mit Papa ein Bilderbuch über den Urwald mit riesigen Bäumen und vielen Tieren angeschaut. Danach hatte Mimi die große Eiche auf der anderen Straßenseite vor ihrem Haus entdeckt und zu ihrem Freund erklärt. Mit Papa zusammen hatte Mimi ihrem Baumfreund den Namen Borke gegeben.

Mimi begrüßte nicht nur Borke, sondern auch andere Bäume. Freunde von Borke nannte sie diese und rief auf dem Weg zum Kindergarten immer wieder: „Guten Morgen Freunde von Borke."

Als Mimi und ihre Mama in die Kindergartenstraße einbogen, blieb Mimi plötzlich stehen. Am Ende der Straße stand ein oranger Bulli und Männer mit Sägen liefen zu den Bäumen.

„Mama, was machen die Männer da?" fragte Mimi aufgeregt, legte ihre Hand in Mamas Hand und blieb stehen. Mama schaute zu den Männern hinüber und erklärte: „Am Anfang des Jahres werden manchmal ein paar Zweige von den Bäumen abgeschnitten. Dann können sie im Frühling besser wachsen."

Nachdenklich ging Mimi mit Mama zum Kindergarten. Immer wieder schaute sie zu den Männern hinüber.

Kapitel 2

Kindergarten St.Nikolaus

Mimi blieb meistens bis 13 Uhr im Kindergarten. Aber heute machte ihr das Spielen, Basteln und Turnen keinen richtigen Spaß. Sie musste immer an die Männer mit den Baumsägen denken. Als ihre Mama sie endlich abholte, wartete sie schon fertig angezogen auf dem Flur.

Mimis Erzieherin, Frau Mühlhaus, ging zu Mimis Mama und berichtete besorgt: „Die Mimi ist heute so still und nachdenklich. So kenne ich sie gar nicht. Ich hoffe nicht, dass sie krank wird."

„Ich glaube, ich weiß worüber Mimi den ganzen Vormittag nachgedacht hat", antwortete ihre Mama. „Sie macht sich Sorgen um ihren Baumfreund Borke."

Mimi zog ihre Mama nach draußen vor die Tür und schaute sofort zu den Bäumen in der Straße hinüber.

„Oh nein, " rief sie. „ Mama, schau mal, was die Männer mit den Bäumen gemacht haben."

Unter den Bäumen in der Straße lagen viele dicke Äste und Zweige. Die Männer hatten sie von den Bäumen abgesägt.

„Mama, du hast gesagt, die Männer schneiden nur ein paar kleine Äste ab. Jetzt sind es ganz viele und ganz dicke." Dicke Tränen kullerten über Mimis Gesicht.

Auch ihre Mama und Frau Mühlhaus, die mit nach draußen gegangen war, blickten zu den Bäumen.

„Du hast recht Mimi, es sind ganz schön viele Äste abgesägt worden. Aber ich weiß, dass sie im Sommer wieder nachwachsen, " versuchte jetzt auch Frau Mühlhaus Mimi zu beruhigen.

Traurig und ganz langsam ging Mimi neben ihrer Mama her. Sie musste nachdenken. Das hatte sie schon den ganzen Vormittag im Kindergarten gemacht. Ob die Männer mit den Baumsägen auch in ihre Straße kommen und von Borke und seinen Freunden Äste absägen würden?

Mimi wusste jetzt, dass sie das verhindern musste. „Mama, wer sagt den Männern, dass sie Zweige absägen müssen?"

„Ich glaube, es ist der Bürgermeister",
antwortete ihre Mama.

„Wo wohnt der Bürgermeister?" wollte
Mimi wissen.

„Der Bürgermeister hat ein Haus im
Apfelweg. Er arbeitet in dem großen Haus
neben der Kirche. Dort hat er sein Büro. Es
ist das Gemeindehaus mit der großen Treppe
davor. Warum willst du das denn wissen?"

Mimi und Mama waren in ihrer Straße
angekommen. Mimi dachte schon wieder
nach und antwortete nicht auf Mamas Frage.
Als sie fast bei ihrem Haus waren, lief sie
los zu Borke und stand vor der großen
Eiche.

„Borke, ich helfe dir. Die Männer mit den
Sägen werden deine Äste nicht
abschneiden." Dann streichelte sie ihren
großen Freund.

Mama schaute zu und schüttelte den Kopf.

„Mimi komm rein. Mika kommt gleich von der Schule nach Hause."

Mimi umarmte Borke noch einmal und ging langsam zu Mama ins Haus. Als Mika eine halbe Stunde später zu Hause war, rannte Mimi zu ihrer Schwester und erzählte ihr ganz aufgeregt von den Männern mit den Baumsägen.

„Mika, du musst mir helfen. Die Männer dürfen nicht an Borke sägen. Gehst du mit mir zum Bürgermeister?"

Mika ging in die 3. Klasse und Mimi fand, dass ihre Schwester schon ganz schön groß war. Ganz oft konnte Mika ihr helfen.

Doch jetzt sagte Mika: „ Mimi, du Dummerchen, wir können doch nicht einfach zum Bürgermeister gehen. Wir kennen den doch gar nicht. Borke ist so riesig. Wenn die Männer wirklich ein paar Äste abschneiden, wird das nicht so schlimm sein." Mika konnte sowieso nicht verstehen, dass Mimi so ein Theater um Bäume machte.

Jetzt war Mimi richtig sauer. Sie drehte sich um und rannte in ihr Zimmer. Dann würde sie allein zum Bürgermeister gehen. Wo die Kirche stand, wusste sie.

Erst als Papa Feierabend hatte und zu Hause war, kam Mimi aus ihrem Zimmer heraus. Sie hatte die ganze Zeit Bäume gemalt. Mama und Mika hatten sie in Ruhe gelassen. Jetzt wollten alle zusammen Abendbrot essen. Den ganzen Tag hatte Mimi nicht viel gegessen, aber nun hatte sie doch Hunger. Und beim Abendessen erzählte sie Papa auch noch einmal von den Bäumen in der Kindergartenstraße.

Papa gab ihr recht. Er sagte: „Im Frühjahr werden die Bäume in unserem Dorf und vielen anderen Orten ganz schön stark beschnitten. Ich habe auch schon überlegt, ob das wirklich nötig ist."

Nach dem Essen schaute Papa immer gerne die Nachrichten im Fernsehen und Mimi kuschelte sich in dieser Zeit bei Papa an. Wenn die Nachrichten schlimme Bilder zeigten, hielt Papa ihr die Augen zu. Wenn Mimi noch nicht zu müde war, spielten sie danach noch ein bisschen oder Papa las ihr die Gutenachtgeschichte vor.

Plötzlich sah Mimi im Fernseher, dass viele Menschen mit Fahnen und großen Papieren vor einem großen Haus standen.

„Was machen die da?" wollte Mimi wissen.

„Sie demonstrieren", antwortete Papa. „Das machen die Menschen manchmal, wenn sie mit etwas nicht einverstanden sind. Dann schreiben sie das auf ein großes Papier und gehen damit auf die Straße. Sie zeigen den

wichtigen Leuten, dass sie etwas nicht
wollen."

Mimi staunte. Papa konnte immer alles so
gut erklären, dass Mimi es verstand.

„Papa, ist der Bürgermeister auch ein
wichtiger Leute?"

Papa lächelte: „Ja Mimi, der
Bürgermeister gehört auch zu den wichtigen
Leuten." Papa war etwas überrascht, dass
Mimi schon vom Bürgermeister wusste.

„ Mimi, ab ins Bett. Morgen geht es
wieder in den Kindergarten", rief Mama.
Mimi gab Papa noch einen dicken Kuss auf
die Wange und strahlte.

„Gute Nacht Papa", sagte sie gut gelaunt
und lief zu Mama. Mimi wusste jetzt, wie
sie Borke helfen konnte. Sie wollte, wie die
Leute im Fernsehen, „demonieren" oder wie
das Wort hieß und schlief schnell, sogar
ohne Geschichte, ein.

Kapitel 3

Gemeinde Weißental

Mimi war heute Morgen schon sehr früh aufgewacht. Alles war dunkel, Mama und Papa schliefen noch. Mimi überlegte gerade, ob sie zu Mama und Papa ins Bett gehen sollte, um sich dort noch einmal einzukuscheln. Doch da hörte sie schon den Wecker, den Mama jeden Abend stellte. Mimi hüpfte aus ihrem Bett und rannte auf den Flur, wo Mama das Licht angemacht hatte.

„ Mimi, du hast mich aber erschreckt," flüsterte Mama. „Warum bist du denn so früh aufgestanden?"

„Ich muss heute ganz viel erledigen," antwortete Mimi. Mama schaute überrascht. Sie selbst sagte das auch immer, wenn sie viel zu tun hatte und musste jetzt lächeln.

„Aha, da bin ich aber gespannt, was du heute alles erledigen musst," war Mamas Antwort. „Setz dich in die Küche auf die Bank, dann gibt es einen leckeren Kakao und warm ist es dort auch schon.

Ein paar Minuten später kamen Papa und ihre Schwester Mika in die Küche. Beide waren überrascht, dass Mimi schon am Frühstückstisch saß.

„Unsere Mimi hat heute viel zu erledigen," erklärte Mama.

„Mimi hat wieder komische Ideen,"
maulte Mika, die noch nicht ganz wach war.

Mimi hatte ihren Kakao ausgetrunken und
lief ins Badezimmer. „Stimmt doch gar
nicht," rief sie noch und war schon
verschwunden. Sie würde ihren Plan nicht
verraten, wenn Mika so doof redete. Da
wollte sie lieber ihre Freunde im
Kindergarten fragen, ob sie ihr helfen
würden.

Sie beeilte sich mit dem Anziehen. Dann
setzte sie sich auf die Treppe im Flur und
wartete an der Haustür. Nur die Mütze und
Jacke musste Mama ihr noch geben.

„Mimi, du bist viel zu früh und deine
Kindergartentasche ist auch noch nicht
fertig," rief Mama aus der Küche.

„ Ich esse ein Brot und einen Apfel und
warte hier auf dich," antwortete Mimi
trotzig.

Papa und Mika gingen an ihr vorbei zur Tür hinaus. Papa zwinkerte Mimi zu und wünschte ihr einen schönen Tag im Kindergarten.

Dann endlich kam auch Mama. Draußen begrüßte sie – wie jeden Tag – ihren Freund Borke und flüsterte ganz leise: „Hallo Borke, heute gehe ich zum Bürgermeister. Alles wird gut. Ich beschütze dich vor den Männern mit den Baumsägen."

Im Kindergarten angekommen lief Mimi schnell zu ihren Freunden Daniela und Sören und erzählte ihnen von Borke und den Männern mit den großen Sägen. Dann erklärte Mimi ihren Freunden, welchen Plan sie hatte. Sie wollte am Nachmittag zusammen mit Daniela und Sören zum Gemeindehaus gehen und davor „demonieren" oder wie das schwere Wort noch mal hieß. Dann würde der

Bürgermeister bestimmt auf die Straße kommen und mit ihnen reden.

Daniela und Sören fanden den Plan sehr gut.

„Aber wir brauchen noch einen großes Papier. Da müssen wir was drauf schreiben. Das haben die Leute im Fernseher auch gehabt,“ erklärte Mimi. Bis zur Frühstückspause überlegten die Drei, was auf dem großen Zettel stehen sollte.

Sie hatten noch keine Idee.

Da rief Daniela. „Wir retten Borke“. Alle Kinder am Frühstückstisch und auch Frau Schnieders, die neue Erzieherin, schauten Daniela an.

„Du, Frau Schnieders, kannst du uns was auf einen großen Zettel schreiben? Wir können doch noch nicht alle Buchstaben, weil wir das erst in der Schule lernen,“ fragte Sören.

„Wir wollen einen schönen Baum malen und du musst die Buchstaben schreiben.“

Jetzt wollten auch die anderen Kinder ein Bild malen und nach dem Frühstück verteilte Frau Schnieders große Tapetenreste, auf denen man mit Wachsmalstiften gut zeichnen konnte. Die anderen Kinder malten Blumen, Häuser und die Sonne. Mimi, Daniela und Sören ließen sich viel Zeit und hatten nach einer Stunde einen schönen großen Baum fertig. Sie konnten schon ganz gut malen. Frau Schnieders ging herum und schaute sich die vielen tollen Bilder an. Sie sollten im Flur des Kindergartens aufgehängt werden.

„Frau Schnieders, schreibst du jetzt auf den freien Platz – Wir retten Borke - ?" fragte Sören die Erzieherin, als sie zu ihnen kam .

Frau Schnieders betrachtete das Bild. In der Mitte stand ein großer Baum. Daneben hatten sie noch Blumen gemalt und am Himmel eine Sonne. Frau Schnieders nahm den blauen Stift und fragte skeptisch: „ Soll ich wirklich – Wir retten Borke – schreiben?"

„Ja," riefen Mimi, Daniela und Sören ganz laut. „Das ist für meinen Freund Borke," erklärte Mimi noch.

Frau Schnieders schrieb dann endlich mit großen Buchstaben neben den Baum – Wir retten Borke -!

Als sie das fertige Bild noch einmal anschaute, sagte sie überrascht: „Das sieht ja aus wie ein Plakat und ist wunderschön geworden. Das werde ich heute Nachmittag gleich aufhängen."

Mimi schaute erschrocken zu ihren Freunden herüber. Sie brauchten das Plakat doch heute Nachmittag. Dann hatte sie eine Idee: „Darf ich es heute mit nach Hause nehmen und Papa zeigen. Er kann es sonst gar nicht sehen, weil er solange arbeiten muss."

Ganz traurig schaute sie Frau Schnieders an.

„Ich bringe es bestimmt morgen wieder mit."

Da nickte Frau Schnieders: „Na gut, ich kann es dann ja auch noch morgen Vormittag mit euch zusammen aufhängen."

„Ja, ja, ja," riefen die drei Freunde und tobten durch das Zimmer. Jetzt konnten sie bis zum Ende auch noch mit den übrigen Kindern spielen.

Mimi strahlte, als sie mit dem Plakat in der Hand von Mama abgeholt wurde. Frau Schnieders berichtete: „Mimi und ihre Freunde haben heute ein richtig tolles Plakat gemalt. Mimi möchte es heute Abend ihrem Papa zeigen und darf es ausnahmsweise mitnehmen, wenn sie es morgen wieder mit zum Kindergarten bringt. Wir wollen es gemeinsam im Flur aufhängen."

Am Nachmittag fragte Mimi ihre Mama, ob sie mit Sören und Daniela spielen dürfte.

„Mama, ich will Danielas Mama das schöne Bild auch zeigen. Sie und Sören haben auch mitgeholfen. Und ich habe es versprochen. Sören kommt auch zu Daniela."

Ihre Mama dachte kurz nach. Daniela wohnte mit ihren Eltern mitten im Dorf am Marktplatz. Sie musste noch einkaufen und konnte Mimi vorher zu Daniela bringen.

„Ja, das geht. Ich muss sowieso noch ins Dorf."

Eine Stunde später saß Mimi bei Daniela im Kinderzimmer. Mama hatte wenig Zeit gehabt und sie zu Daniela gebracht, ohne sich das Bild anzuschauen. Sören kam kurz nach Daniela. Alle drei überlegten, wie sie nun dem Bürgermeister das Plakat zeigen könnten.

Auf der anderen Seite des Marktplatzes war das Gemeindehaus. Wenn Mimi aus Danielas Fenster schaute, konnte sie es sehen.

„Wir gehen jetzt vor das Gemeindehaus und laufen mit unserem Plakat hin und her, bis der Bürgermeister rauskommt," schlug Mimi vor.

Danielas Mama erlaubte den Kindern auf den Marktplatz zu gehen. Dort gab es Spielgeräte für kleinere und größere Kinder und es spielten fast jeden Tag viele Mädchen und Jungen aus dem Dorf mit ihren Freunden dort.

Die drei Freunde zogen ihre Jacken an, nahmen heimlich das Plakat und liefen quer über den Marktplatz bis vor das Gemeindehaus. Dort rollten sie ihr Plakat aus und marschierten vor dem Rathaus auf und ab. Sören hielt es rechts fest, Daniela auf der linken Seite und Mimi in der Mitte.

Nach kurzer Zeit kamen einige Jungen und Mädchen, die Mimi aus dem Kindergarten und der Schule von Mika kannte.

Sie fragten interessiert: „Was macht ihr denn hier? Ist das ein neues Spiel?"

Mimi erklärte es ihnen und sagte: „Ihr könnt mitmachen. Lauft hinter uns her!"

Es dauerte nicht lange und eine Gruppe von 15 Kindern lief vor dem Gemeindehaus hin und her. Die Erwachsenen, die das sahen, schauten überrascht zu ihnen hinüber. Mimi musste an die Nachrichten denken. Dort hatten die Leute auch noch etwas laut gerufen. Dann rief sie laut: „Wir retten Borke!" Nacheinander stimmten alle übrigen Kinder ein.

Die Fenster vom Gemeindehaus im 1. Stockwerk wurden geöffnet und ein Mann und eine Frau schauten auf den Platz herunter. Als sie die kleine Gruppe sahen, staunten sie nicht schlecht. Am Eingang öffnete sich die Tür und eine Frau mit einer Kamera kam heraus.

Das war Lilli Sanders, die neue Reporterin von der Zeitung. Sie hatte sich beim Bürgermeister vorgestellt. Als sie die Kinder mit dem Plakat sah, machte sie schnell ein paar Fotos von ihnen. Die Zuschauergruppe auf dem Marktplatz war immer größer geworden und wollte wissen, was die Kinder dort machten.

Jetzt kam auch der Mann, der aus dem Fenster geschaut hatte, aus dem Gemeindehaus und ging zu den Kindern.

„Hallo, ich bin der Bürgermeister. Kann ich euch vielleicht helfen?"

Mimi und ihre Freunde blieben direkt vor ihm stehen und er musste das Plakat lesen. Mimi strahlte ihn an.

„Das ist ja eine richtige Kinderdemonstration," rief der Bürgermeister lachend.

Mimi begann zu erklären: „Wir wollen nicht, dass die Männer mit den Baumsägen zu Borke und seinen Freunden kommen. Mama sagt, du sagst ihnen, wo sie Äste abschneiden müssen."

Lilli Sanders stand hinter dem Bürgermeister und schrieb schon alles in ihren Block.

„Ich würde sagen, ihr drei kommt mit in mein Büro und wir besprechen dort alles. Wissen eure Eltern, dass ihr hier seid?"

„Nein, die haben keine Zeit," erklärte Mimi. „Borke ist mein Freund und wir wollen ihm helfen."

Mimi, Sören und Daniela gingen mit dem Bürgermeister in das Haus, wo er sein Büro hatte. Lilli Sanders, die Reporterin, ging auch wieder mit hinein. Die übrigen Kinder liefen zurück zu den Spielgeräten und die kleine Demonstration hatte sich schnell aufgelöst.

Kapitel 4

Mimi, Daniela und Sören mit ihrem Plakat: „Wir retten Borke"

Da saßen jetzt alle im Büro des Bürgermeisters an einem großen runden Tisch: Mimi, Daniela, Sören, der Bürgermeister, Frau Sommer, die Sekretärin des Bürgermeisters und Lilli Sanders, die Reporterin.

Frau Sommer hatte Kekse und Saft für die Kinder auf den Tisch gestellt. Alle hatten Durst und Hunger, denn so eine Demonstration war ganz schön anstrengend. Nachdem sich Mimi und ihre Freunde gestärkt hatten, fragte der Bürgermeister:

„ So Kinder, was kann ich für euch tun? Erklärt mir doch noch einmal die Sache mit dem Baum."

Mimi holte tief Luft. Jetzt, da sie beim Bürgermeister saß, war sie doch ein wenig aufgeregt.

„ Das ist so," begann Mimi. „ Wir wollen nicht, dass von meinem Freund Borke und den anderen Bäumen so viele Äste abgeschnitten werden. Die Männer mit den Baumsägen haben beim Kindergarten schon ganz viele Zweige abgeschnitten. Das sieht jetzt nicht mehr schön aus. Und wenn die

Männer in unsere Straße kommen, schneiden sie auch viele Äste von Borke ab.

Mama hat mir erklärt, dass du das den Männern sagst. Du musst den Männern sagen, dass sie aufhören müssen. Sie hören doch auf dich."

„ So leicht ist das nicht", antwortete der Bürgermeister. „Viele Bäume haben so tiefe und lange Äste, dass die Autos und Lastwagen nicht mehr durch die Straßen passen. Da muss etwas abgeschnitten werden."

Plötzlich ging die Tür auf und Mimis Mama kam herein. Hinter ihr waren noch Danielas und Sörens Mama. „ Oh Mimi, was machst du denn wieder für Sachen? Deine Schwester hat ein Foto von euch vor dem Gemeindehaus auf ihr Handy geschickt bekommen. Mikas Freunde haben euch gesehen und mit ihren Handys fotografiert. Entschuldigen Sie Herr Bürgermeister.

Mimi, komm jetzt sofort mit nach Hause",
sagte Mimis Mama und wollte sie an die
Hand nehmen.

Mimi zog schnell ihre Hand weg. „ Mama,
wir besprechen gerade das mit den
Baumsägen!"

Der Bürgermeister musste schmunzeln und
sagte: „ Es ist schon in Ordnung. Mimi hat
recht. Wir müssen das erst zu Ende
besprechen. Ich sollte nicht nur die großen
sondern auch die kleinen Bürger von
Weißental anhören. Setzen Sie sich doch alle
mit an unseren Tisch."

Jetzt fragte Lilli Sanders, die Reporterin,
die Eltern: „Darf ich ein Foto von den
Kindern mit ihrem Plakat in der Zeitung
veröffentlichen. Das wird ein interessanter
Artikel."

Mama schaute zu Mimi herüber. „Da
werde ich jetzt Papa anrufen. Er soll mit
entscheiden."

Sie nahm ihr Handy und rief Mimis Papa an. „Mimis Papa hat schon Feierabend und ist in fünf Minuten hier", berichtete sie.

Sörens und Danielas Mamas hatten nichts gegen ein Foto in der Zeitung. Sie waren stolz, dass die drei Freunde so mutig gewesen waren.

„Mir ist das egal", antwortete Mimi. „Ich möchte nur, dass von Borke und seinen Baumfreunden keine Äste mehr abgeschnitten werden."

Da kam auch schon Mimis Papa herein. „Was ist denn hier los"? wollte er wissen.

Der Bürgermeister erklärte es ihm und Papa musste lächeln. „Die Kinder haben nicht ganz unrecht. Es wird sehr viel von den Bäumen abgeschnitten. Viele Leute denken so wie Mimi und ihre Freunde Daniela und Sören", erklärte Mimis Papa. „Ist es denn wirklich nötig, die Bäume so stark zu beschneiden?"

Der Bürgermeister war ganz nachdenklich geworden. „Es ist gar nicht so leicht. Auch ich muss tun, was man mir sagt. Die Bäume müssen beschnitten werden, damit die Autos und Lastwagen durch die Straßen passen und nicht beschädigt werden."

„Aber du bist doch der Chef"; protestierte Mimi. „Und wo fahren in der Kindergartenstraße große Lastwagen? Bei uns in der Straße fahren auch keine, außer das Müllauto und das passt gut dadurch. Die Autos haben doch genug Platz. Wenn du nicht der Chef bist, dann gehe ich jetzt zum richtigen Chef. Wer ist das?"

Mimi hatte keine Lust mehr zum Erklären und außerdem war sie ganz schön müde.

Der Bürgermeister sah, dass Lilli Sanders alles aufschrieb. Er wusste, dass am nächsten Tag alles in der Zeitung stand, vielleicht noch mit einem Bild. Er wollte nicht, dass die Leute im Dorf böse auf ihn wurden.

„Mimi, ich mache euch einen Vorschlag. Ich sage den Männern, dass sie nur das abschneiden sollen, was unbedingt sein muss. Wenn wir morgen in eure Straße kommen, darfst du mit den Männern reden und sie erklären dir, ob bei Borke Äste abgeschnitten werden müssen. Einverstanden?" fragte der Bürgermeister.

Mimi gähnte bereits. „O.K., aber du musst das auf ein Papier schreiben. Papa sagt immer zu Mama, alles Wichtige muss auf dem Papier stehen." Mimi schaute Papa an. Der nickte.

„Du machst es mir nicht leicht, Mimi", sprach der Bürgermeister. „Aber Frau Sommer schreibt es auf und wir beide unterschreiben."

Als Frau Sommer mit dem fertigen Papier zurück kam, unterschrieben der

Bürgermeister und Mimi. Mimi konnte schon ihren Namen schreiben. Lilli Sanders machte dabei noch schnell ein paar Fotos. Mama und Papa erlaubten ihr, Fotos in der Zeitung zu veröffentlichen.

Papa nahm Mimi auf den Arm. Alle verabschiedeten sich und als sie aus dem Gemeindehaus heraus kamen, war Mimi schon fast eingeschlafen. Sie dachte noch kurz an Borke. Morgen wollten die Männer mit den Baumsägen in ihre Straße kommen.

Kapitel 5

Borke in der Morgensonne mit Bella, Blacky und Mucky

Schon den ganzen Morgen saß Mimi in der Küche auf der Bank und schaute zum Fenster hinaus zu Borke. Die Sonne war gerade aufgegangen und die Ponys Bella und Blacky waren bereits auf der Weide. Mucky, der Hund von Mimis Nachbarin,

Frau Deichmann, lief vorbei. Gleich würde Frau Deichmann hinterher kommen. Sie machte ihre Morgenrunde mit Mucky.

Mimi klopfte an die Fensterscheibe und winkte Frau Deichmann zu, die daraufhin lachte und zurückwinkte.

„Mama, wann kommen die Männer denn endlich"? wollte Mimi wissen. Doch ihre Mama zuckte nur mit den Schultern. „Mimi, das kann noch einige Stunden dauern. Der Bürgermeister hat doch gesagt, sie kommen irgendwann heute Vormittag."

Mimi durfte heute vom Kindergarten zu Hause bleiben, aber Mama musste gleich zur Schule. Dann würde Mamas Freundin Brigitte auf Mimi aufpassen. Mimi war sehr ungeduldig. Sie hatte keine Lust zum Spielen und wartete nur auf die Männer mit den Baumsägen.

Als Mimi fast eine weitere Stunde nur aus dem Fenster geschaut hatte und Brigitte schon lange da war, sah Mimi den Bulli der Gemeindearbeiter.

„Brigitte, komm schnell. Sie sind da. Ich brauche meine Jacke", rief Mimi ganz aufgeregt und rannte schon zur Garderobe. Ihre Schuhe hatte sie gleich morgens angezogen. Jetzt hüpfte sie an der Garderobe hoch, um ihre Jacke vom Haken zu bekommen.

Brigitte lachte. „Langsam Mimi, die Männer müssen doch erst ihre Leitern und Sägen auspacken. Das dauert auch ein wenig." Sie gab Mimi die dicke Winterjacke, die Mimi schnell anzog und dann stürmte sie schon aus dem Haus zu den Männern. Brigitte ging langsam hinterher.

„Guten Morgen, kleines Fräulein. Du bist sicher Mimi"? fragte einer der Männer. „Der Bürgermeister hat mir erzählt, dass du die Bäume beschützt."

Mimi strahlte über das ganze Gesicht. „Du darfst nur ganz wenige Äste von den Bäumen abschneiden und du musst mir alles genau erklären", sagte Mimi stolz zu ihm.

„Das ist mein Baumfreund Borke", dabei zeigte Mimi auf die große Eiche auf der anderen Straßenseite. Der Mann bewunderte den schönen großen Baum.

„Du hast da einen sehr schönen großen und starken Baumfreund", sagte der Mann zu Mimi. „Lass uns zu ihm rüber gehen. Ich heiße Martin."

Martin nahm Mimi an die Hand, bevor sie über die Straße zu Borke gingen. Nachdem er sich Borke angeschaut hatte, zeigte er Mimi einen kleineren Ast unten am Stamm und drei weitere in Borke`s Krone.

„Diese Äste müssen wir abschneiden Mimi. Der Zweig ganz unten wächst zur Straße und kann bald die Radfahrer und Autofahrer behindern. Und wenn wir die drei Äste in der Krone abschneiden, können die anderen Äste und Zweige besser wachsen. Bist du einverstanden"? fragte Martin.

„Der Zweig da unten ist o.k.! Aber warum müsst ihr oben welche absägen"? wollte Mimi wissen.

Martin schaute noch einmal nach oben und seufzte: „Mimi, schau mal, wenn die Zweige zu wild durcheinander wachsen, nehmen sie sich gegenseitig den Platz weg. Einer der Äste ist schon vertrocknet, weil er ein bisschen abgebrochen ist. Er könnte bei einem Sturm ganz abbrechen und herunter fallen und dabei Menschen oder Tiere verletzen."

„Vielleicht Frau Deichmann und Mucky, wenn sie spazieren gehen", überlegte Mimi laut.

Martin nickte. „Wenn wir die drei Äste da oben abschneiden, kann Borke besser wachsen und wird noch größer und schöner", meinte er.

Mimi überlegte. „O.k., aber mehr nicht. Und bei den anderen Bäumen dürft ihr auch nur ganz wenig abschneiden", sagte sie bestimmt.

Martin lächelte und nickte: „Das machen wir ganz vorsichtig. Wir wollen ja keinen Ärger mit dir. Du stehst mit deinen Freunden heute bereits in der Zeitung."

Er winkte den anderen beiden Männern zu und diese kamen mit den Sägen und Leitern herüber. Als sie eine Säge anmachten und Mimi das laute Geräusch hörte, zuckte sie doch zusammen. Jetzt nahm Brigitte, die die ganze Zeit bei Mimi gestanden hatte, Mimi an die Hand und sie gingen vor das Haus zurück. Von hieraus konnte Mimi genau zuschauen.

Mimi sah, dass bei Borke wirklich nur so viele Äste abgeschnitten wurden, wie Martin erklärt hatte. Als die Männer damit fertig waren, konnte man es fast gar nicht sehen. Mimi schaute auch noch zu, als von den anderen Bäumen in ihrer Straße Äste und Zweige abgeschnitten wurden.

Als die Männer fertig waren, kam Martin noch einmal zu Mimi herüber. „Mimi, wir sind jetzt fertig. Bist du zufrieden? Geh schnell ins Haus und wärme dich auf.“

Brigitte hatte Mimi noch einen Schal und Handschuhe gebracht. Aber Mimi zitterte doch langsam, weil ihr kalt wurde. Sie wollte aber unbedingt zuschauen, bis alles fertig war.

„Das hast du gut gemacht“, sagte sie zu Martin und freute sich. „Das sieht viel besser aus als in der Kindergartenstraße.

„Wir werden ab jetzt besser überlegen, wie viel wir von den Bäumen abschneiden“, versprach Martin und stieg mit den anderen

Männern in den Bulli. Dann fuhren sie davon.

„Jetzt ist alles gut", sagte Mimi zu Brigitte, die sie jetzt ins Haus holte und schon einen heißen Kakao für Mimi in der Küche stehen hatte.

„Schau mal in die Zeitung", sagte Brigitte und legte ein Zeitungsblatt vor Mimi auf den Küchentisch. Dort war ein Foto von Mimi und ihren Freunden mit dem Plakat und noch ein Foto von Mimi und dem Bürgermeister abgebildet.

„Fünfjährige Naturschützerin rettet Bäume in Weißental" las Brigitte die Überschrift vor. Die Reporterin Lilli Sanders hatte genau beschrieben, wie die Kinder Borke und seine Freunde gerettet hatten.

„Mimi, wir sind sehr stolz auf dich", sagte Brigitte. „Den Artikel werde ich jetzt ausschneiden."

Nun konnte Mimi endlich in ihr Zimmer gehen und spielen. Sie freute sich bereits auf morgen, wenn sie ihren Freunden im Kindergarten von Borke erzählen konnte.